Le blazon des ar-
mes: auec les armes des Princes ⁊ Seigneurs de France.

BIBLIOTHEQUE DE L'ARSENAL

¶ Sensuyt le blason des armes
nouuellement imprime.

POurce que a toutes manieres
de nobles gens: comme Roys/
ducz/contes/barōs/cheualiers:
et escuyers/appartient scauoir/
dire determiner pourquoy ne a
quelle cause furent armes premierement
trouuees. Soubz la correction de mes dictz
princes ⁊ seigneurs/auec leurs communi
cations Et p̃miere ment de plusieurs he=
raulx ⁊ poursuyuans expertz ⁊ entendus
en science de armoyrie. Jay voulu descrip
re vng petit liure/lequel traictera et deui
sera la maniere des dictes armes et cōmēt
on les doit blasonner. Et qui premier les
trouua/ne a quelle cause. Ainsi que p̄ les
chapitres ensuyuans sera dit et declaire.

¶ Le premier chapitre declaire par lesq̃l=
les personnes/ne a quelle fi furent armes
trouuees Et a quelz gēsont este ottroyees

LE tresvaillant et victorieux roy
Alexandre de Macedoine. Le
tresprudent empereur Jules ce-
sar / et plusieurs aultres nobles
princes et seigneurs desirans scavoir cõ-
ment leurs vassaulx et subiectz se portoiẽt
vaillãment en fait darmes affin desprou
ver leurs vaillances et pour recompenser
chascun selon sa desserte Ordonnerent q̃
en leurs escuz seroit descripte paincte ou
figuree certaine chose / ou difference par
laquelle on pourroit clerement iuger et dis
cerner de leurs preux et vaillans faitz: la
q̃lle chose ou differẽce est apsẽt apellee, ar
mes Lesquelles armes ont este assignees
par lesditz princes et seigneurs: et nõpas
seulemẽt aiceulx vaillãs hões: mais aus
si a leur posterite affin que en recordatiõ
et memoire des vaillances ilz soyẽt plus
enclins et animez a ensuyure les beaulx/
et nobles faitz de leurs predecesseurs

¶ Le second chappitre devise de quelles
matieres sont faictes toutes armes

Outes armes sont biē cōposees de troys choses inat seullement. cestassauoir de metal: de couleur: ou de pēne: ou daulcunes bōnes choses dicelles sicōe cy apres sera declaire

Le troiziesme chapitre cōtenāt quantz metaulx: quātes couleurs: et quātes pēnes ya en armes. Et cōmēt on les doit blasonuer.

En armes ya seallement deux metaulx: cestassauoir: Or: Argent: Cinq coulleurs qui sōt Gueule qui est couleur Vermeille: Azur qui est pers Sable qui est noir: Synoble qui est Vert: Et pourpre qui est compose dazur et Violet Et doit on blasonner en ceste maniere Tel seigneur porte dor Dazur ou dhermines: Et pareillement desdictes coulleurs et pennes Et com bien que Lhermimine soit dargent et de Sable: et le Vair soit dargent et dazur. Toutesffoys en blasonnant on ne les nomme pas Hermines Dargēt et Sable: ne le Vair: Dargēt et da zur mais vng seul mot on dit Tel seigne' porte dhermines :ou de verd excepte quāt lhermine est daultre metal/ou couleur q̄ argent ⁊ sable ⁊ le vair/daultre q̄ argent et azur. Auquel cas lon dit: Tel seigneur porte vair ou hermines dor/sinoble/ou aultres pareilles cōme ꝑ les figures des escuz cy dessoubz contenuz peult clerement apparoir.

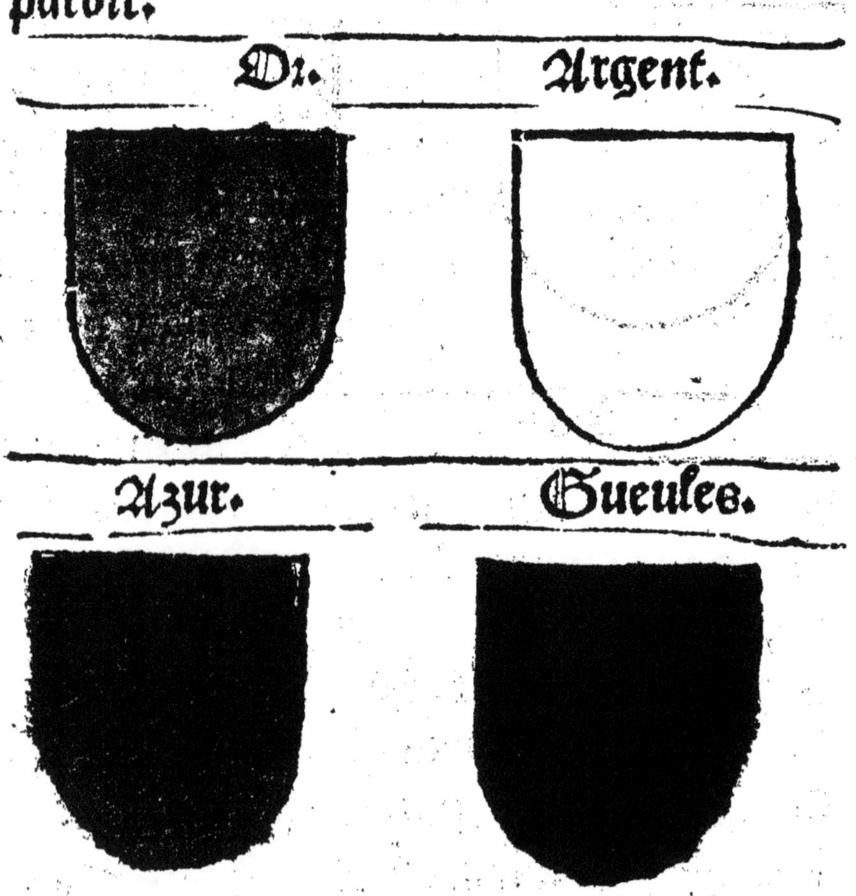

Synoble.

Sable.

Pourpre.

Vair.

Vair dor et de synoble.

Hermines

Hermines dor et dazur.

¶ Censuyt le quart chapitre / ouquel est cõtenu quelle cõplexiõ / quelle des sept planettes / quel des douze signes celestes quelle pierre precieuse / quel iour de la sepmaine / quel des quatre elemẽs / et lequel metal signifiet en armes chascun desditz metaulx et couleurs. Et pource que la matiere de ce presẽt chapitre est de tresexcellẽte vtilite / car il est asses prolixe Il sera diuise en sept parties selon lordre des deulx metaulx et cinq couleurs.

¶ La premiere partie.

OR en blasõ darmes / signifie quatre vertus: cest noblesse / bon vouloir / reconfort / et haultesse. En pierrerie le escarboucle. Des sept planettes le soleil. Des quattre elemens le feu: Des complexions homme sanguin Des douze signes. Aries / Leo: et Sagittarius Et des iours de la sepmaine le dymãche

La seconde partie du quart chapitre.

Argent en armes signifie cinq vertus / humilite / beaulte: purete / blancheur et innocence Des complexions hõme fleumatique. Des planetes la lune / des quatre elemẽs leaue Des douze signes Cãcer: Scorpio et Pisces En pierrerie la perle. Des iours de la sepmaine le Lundy.

La tierce partie du quart chapitre.

Gueules en armes / signifie en vertus hardiesse. En complexion homme colerique. Des quatre elemens le feu. Des douze signes Aries / Leo / et Sagittarius En pierrerie le rubi Des metaulx

B

le letton. Des iours de la sepmaine le medy.

¶ La quarte partie du quart chapitre

Azur signifie en vertu louenge et beaulte. En complexio homme sanguin. Des planettes Venus Des douze signes Gemini/Libra/Aquarius En pierrerie le Saphir. Des iours de la sepmaine le Vendredy. Des quatre elemens lair. Et des metaulx largent/dont lon faict lazur.

¶ De la ciquiesme partie du quart chapitre

Sable en armes/signifie dueil ou douleur. En complexion homme melancolique Des sept planettes Mars Des douze signes Taurus/Virgo/et Capricornus. En pierrerie le dyamat Des iours de la sepmaine le Mardy. Des elemens la terre. Et des metaulx le fer/dont lon faict le noir.

¶ La sixiesme partie du quart chapitre.

Sinoble en vertus signifie honneur/amour/et courtoisie. Des planettes Mercure. En pierrerie Lesmeraulde. Des iours de la sepmaine le Mercredy Des metaulx largent vif/don lon faict le verd. Et aussi signifie arbres/herbes/et toute verdure.

¶ La septiesme partie du quart chapitre.

Purpre en armes signifie en vertus largesse/abondance/et richesse. Des plãtes Juppiter. En pierrerie le Jaly. Des iours de la sepmaine le Jeudy. Des metaulx lestaing. Et aussi signifie les nues.

¶ Le cinquiesme chappitre qui contient les neuf choses/dont chascune faict la tierce part de lescu Et quant elle est plus petite cest deuise. Et en quelle maniere on les doibt blasonner.

CHascune des neuf choses Cest
assauoir / Clef / Pal / Bende /
Fesse / cheuron / Gyrō / Orle /
croix / & Saultoyr. Et doiuēt
nir la tierce partie de lescu. Et
quāt elle sera plus petite ceste diuise Et
six desdictes neuf choses: cestassauoir Bē
de / Pal / Fesse / Gyrō & Cheurō / & Orle
Quāt sōt de plusieurs pieces elles se blasō
nēt a vng seul mot Cōme / Tel seigneur
porte dor a vne bēde d' sable de ciq ou six pie
ces. Et pareillemēt des aultres ciq. Des
croix Clef / & Saultournē ya q̄ vng q̄l fa-
ce le tiers de lescu. toutesfoys sil ya a vng
escu plusieurs croix / lon les doibt blason
ner selō le nōbre q̄ y est / et non autremēt.

¶ Lexperiēce de tout ce qui est
contenu en ce present chappitre
peult clerement apparoir par les
escuz cy dessoubz paintz et figurez.

Dazur a vng chief dargent:

Dor a vng pal de sabble:

De gueulle a vne bende dor

Dazur a vne fesse dargent

De sable a vng cheuron dor

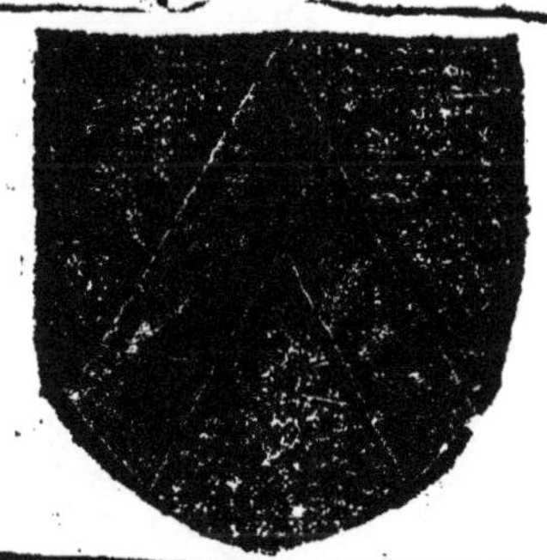

De synople a vng gyron dargent.

De ſable a vng orle dor.

De gueule a vne croix dorgent.

Dargent a vng ſaultoir ð ſable.

Dor a vne bēde de ſable de.v.pieces.

Dor a vne orle de ſable ð ſix pieces

Dargēt a vne bēde de gueule.vi croix dazur

Le sixiesme chapitre auquel est contenu iusques a quel nombre lon doibt nõbrer toute choses qui sont en armes Et quant on les doibt dire sans nombrer ou semer

Orteaulx/Besãs/et Coticees en armes se nombrẽt iusques a huyt Lozẽges/Fuzee/et Eschequer se nombrent iusques a vingt et six. Bestes/Oyseaulx/Fleurs/Poissons. Et generalement toutes aultres choses qui sont en armes se nombrent iusques a seize. Et se elles passent lesditz nombres: on les blasõne sans nombre: ou seme. Commme aux armes de Laual: ou lon dit. Dor a seize aigles dazur. Et en celles de gueule: ou on dit. Dor seme a aigles dazur. Ou dor a aigles dazur sans nombre: Ainsi que par les deux figures cy dessoubz painctes et figurees peult clerement apparoir.

Dor a seize ai-gles dazur.

Dor seme a aigles dazur.

¶ Le septiesme chapitre qui contient la disposition des metaulx & couleurs & blason Et cõmẽt on peult discerner les faulses armes des vrayes.

LEscu de toutes Armes si est de metail/couleur/ ou Penne p̲ dessus / cõe Tel seigneur porte dor au chef de gueulle: ou dor a vne bende dargent : Mais devez scavoir quant ilz sont de metal sur metail/ou de couleur sur couleur/ q̃lles sont fauses & p̲ ce moyen on cõgnoist

souuẽt les armes des gẽs de bas estat ⁊ nõ
nobles q̇ sõt sãs nulle discretion ꝑnent escꝰ
⁊ armes a leurs voulẽtez / cõme quãt aucũ
a nõ Jehan ou pierre corbĩ et il prẽt ⁊ porte
de gueule a vng corbin de sable / ou autres
sẽblables q̇ sõt faulsẽs / ⁊ aussi quãt aucũ a
nõ Jehã du chesne ⁊ il porte dor a vng ches
ne dargẽt ou sẽblables q̇ sõt aussi faulses ⁊
generalemẽt toutes armes q̇ sõt de metail
sur metal ou couleur soubz couleur sõt fau
ses / excepte seulemẽt celles de Hierusalẽ
q̇ sõt de metail sur metail cest assauoir dar
gẽt a vne croix potẽcee ⁊ a quatre croisette
dor: ⁊ aucunesfois elles ne sõt pas faulses.
Et la raison si est / car quãt gaudeffroy de
Bilio eust tresuitorieusemẽt acq̄s la terre
saicte / il fut ordõne ⁊ aduise p̲ les prices q̄ ẽ
sa cõpaignie estoiẽt: q̄ en memoire dicelle
victoire seroiẽt dõnez armes differẽtes du
cõmun cours des aultres: affin q̇ quãt aul=
cũ les verroit: cuydãt q̄lles fussẽt faulses q̄
il fust esmeu a so yenq̄rir ⁊ demander pour
quoy si noble roy porte telles armes ⁊ p̲ aisi
peult estre informe de la cõq̄ste et vaillance

¶ La declaracion ⁊ practique de ce que dit eſt apert clerement par les eſcuz cy deſſoulz painctz et figurez.

¶ Faulſes

Dor a vng chief dargent

De gueulle a vng chief dazur.

Drapes.

Dazur a vne bende dor.

Dor a vne ben=de gueulle.

Faulses.

De gueulle a vng corbin de sable

Dor a vng chesne dargent

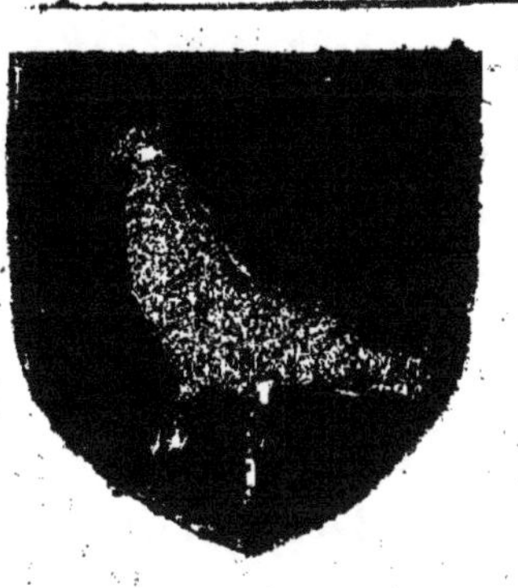

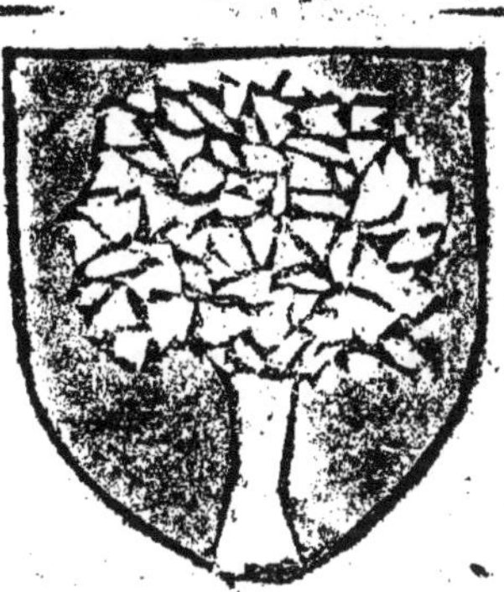

Dargent a vne croix potencee quattre crosettes dor.

¶ Le huitiesme chappitre par lequel est declare en quelle partie de lescu on doibt commencer a blasonner

Quant lescu est de metal / ou couleur de vng ou plusieurs / et ledit escu est ẽtier / lon doibt premierement nommer la pointe Quant il est party / lon doibt commencer a la partie qui est sur le dextre. Et sil est escartele / il fault premierement nommer le hault quartier dextre / cõme peult cleremẽt apparoir cy dessoubz

Dor a vng chief de sable

Party / le premier. dor a vne bẽde de sable / lautre vair.

Escartele dor et dazur:

¶ Le Neufuiesme chappitre / le quel contient certaine difference doyseaulx / et de bestes en blazon darmes:

Estous Oyseaulx qui ont bec et piedz daultre Metal / ou couleur que le corps / on doibt dire / en blazonnant Mēbrez Excepte la merlette / laquelle ē armes iamais na: ne piedz: ne iābes Mais des lyōs & leopars q̄ ont dentz & ongles daultre couleur que le corps: on dit en blason darmes. Cōme il appert par les figures des escuz cy apres painctz & figurez.

Dor a troys pape gauly de ſynople mẽbrez de gueulle

Dargent a vne merlet- te de ſable

Dor a vng lyon de Gueulle

De gneulle a deux liõs dor

¶ Le deuxieſme chappitre declaire en ql̃le facon on doit blazonner lyons leopars et autres beſtes qui ſont en ar mes/et la difference des lyons et leo- pars

Etoutes bestes qui sõt en Armes lon doibt blasonner leur estat & facon Excepte Lyons et leopars:car lyõs de leur nature sont rampãs :mais leopars sõt passans : cest la premiere difference. Et silz sont au contraire/on dict en blazon. Lyon lyoparde/ou lyopart lyonne. Laultre difference si est:car le lyon en armes ne monstre que vng oeil/mais le leopart en mõstre les deux :comme il appert cy apres.

Dor a vng loup passant dazur

Dor a vng lyon de gueule.

Dargent a vng leopart de gueulle.

Dor a vng leopart lyonne de sable.

Dor a vng Lyon leoparde de gueulle

¶ Censuyt le onziesme chapitre/auql est declaire de quelle facon sont en armes Besans/Torteaux/Cotice/Endente/ Engrele:Lozenge.Fusee:Eschiquier:Frete: Gemelle et Billette / Et quelle differen ce il ya entre croix patee/et croix potencee croix croisee/et croix florencee.

Esans en armes sōt rōdz & sōt de metail. Torteaux si sont rondz / comme Besans et sōt de couleur. Cotice est le tiers: moindre q̄ nest la Bende & va de trauers cōme la bēde. Entre Endente & Engrele a telle difference. Car lendente est vng peu plus grant que lengrele. Lozange est ague par hault et par bas / & par les deux costez: et si est plus long que large. Fusee si est seullement poinctue par hault et par bas. Eschiquier est faict en facon de Tablier a iouer aux eschetz. Frette et Cotice et Recotice / lung contre laultre. Gemelle est la tierce partie plus petite que la fesse et va par le meilleu de lescu / comme la fesse. Billette est longue et estroicte / et est vng peu plus longue que large:

¶ La practique et la notice des dessusdictes choses / auec la difference des croix qui sera manifestee par les

quinze figures cy apres deſcriptes et figu=
rees : comme pouez veoir clerement ycy.

Dor a ſix beſans de ſynople.

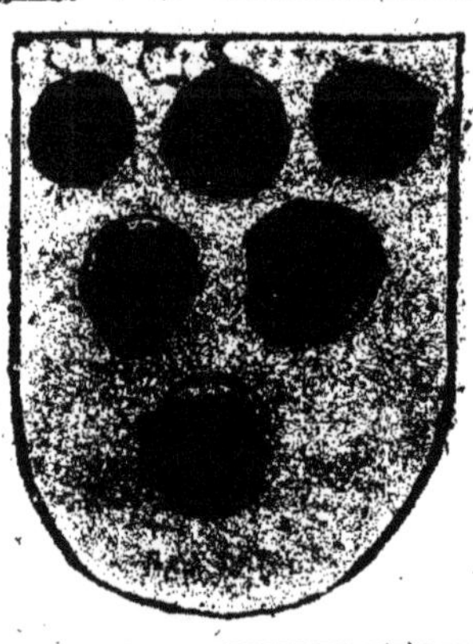

Dor a quatre tor= ceaulx dazur.

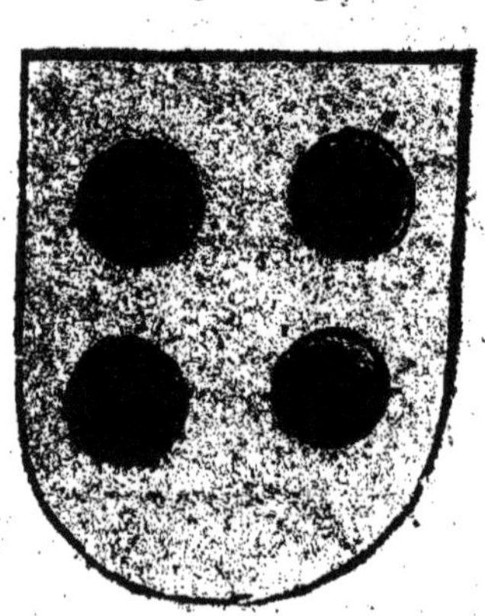

Dazur a vne cotice dargent de trois pieces

Dargent bor= de engrele de gueulle.

De sable borde endente dargēt a vng escu dor

Dor a troys lozanges de sable.

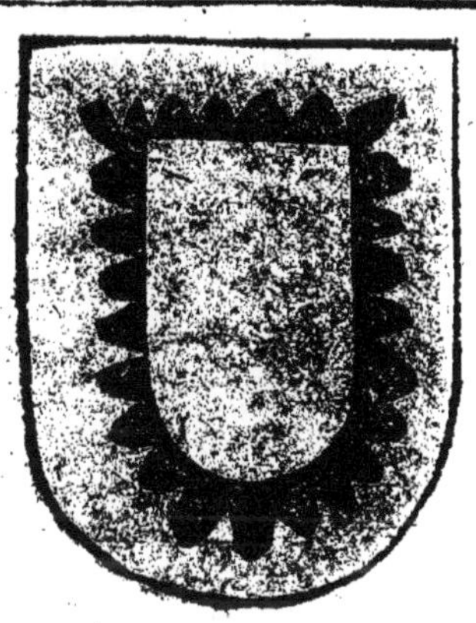

Dazur a cinq fusees de gueulle

Eschequier. dor et dazur.

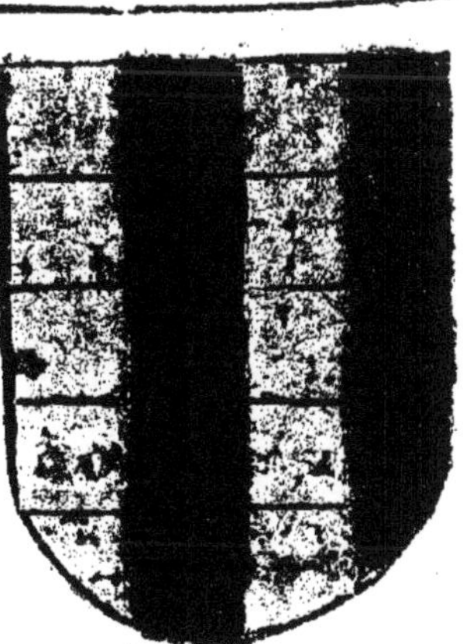

Dor frete de synople a six pieces.

Dor a gemedeux sablette de

Dargent a six billetes de gueulle

Dor a vne croix patee dazur.

Dor a troys croix fichee de sable.

De sable a vne croix potencee dor.

Dor a vne croix florence de sy=nople.

Dargent a vne croix croisee de gueulle.

¶ Le douziesme chappitre qui contient la maniere de blazonner quinze escuz difficilles cy dessoubz escriptz et painctz/et la conclusion de ce liure.

Selon la doctrine escripte et declairee en ce present traicte/pourra ung chascun bien facillement estre prōpt et expert a blasonner les armes de tous empereurs roys/ducz/contes/barōs/cheualiers/escuyers/citez: et villes ou aultres portās armes/aussi tost que les verra paintes ou figurez en aulcū lieu. Nō obstant ce pour auoir cōgnoissance plus grande/et affin destre plus expert de respondre se aucū en demandoit/iay esleu quinze des plꝰ difficilles armes q̄ iay peu pēser ne ymaginer

giner en moy mesmes Supliant a tous mes ditz seigneurs quil leur plaise me pardon= ner et excuser mon ygnorance. Et se faulte y est aulcunement par eulx trouuee ou appceue / quil leur plaise de ladresser et mectre a point. Lesquelz quinze escuz dessusdictz & faisant la conclusion de ce presēt liure pouez Veoir cy apres painctz et figurez

Sensnyuent lesditz quinze escuz

De gueulle dyapre daigles: et lyons dargent.

Emanche dor et dazur

De sable a vne esclarboucle per ce: pōmetee dor.

Dor a deux bē-des de gueule ē grelees de sable

Pal contre pal: dargēt et de synople

Dor a deux ge mellees de sable et vng pal de gueulle.

De gueule vng pal de synoble a deux elles dor

De gueule a vne nile dor.

Dor a vne bende de gueule crenelee de sable.

Vne pointe de gueule lautre dor.

Dargent a vng conferō de gueule.

De Gueule a vne croix dor borde cōpōne dargēt ꝛ azur

Dor a vng escu de synoble / vng filet de gueule.

Dor a vng chief de sable: vng lyō de gueule yssant sur le chief.

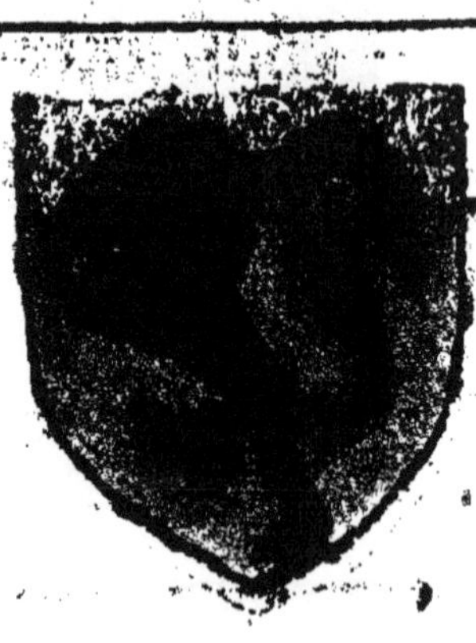

Dor et dazur/au pied party:au chief pal contre pal fesse contre fesse a deux cantōs gyronnez: ⁊ vng escu dargēt parmy| Et sont les armes de Pressigny.

Cy finist la description des q̄nze escuz fort plaisant ⁊ proffi table: selon plusieurs bons li= ures. Suppliant a tous vng chascun moy excuser se faulte y est trouuee.

A lhonneur de dieu ꝛ de la vierge Marie ie pretēdz mettre en ce liure aulcūes additiōs nouuelles cestassauoir les Armes daulcūs princes de France. Et premierement les armes du treschrestien roy de frāce. Apres les armes des douze Pers de Frāce pures/ ꝛ sās esclartelure Et finablemēt les armes daulcuns ducz et cōte/ subietz a la couronne de Frāce. Jay este esmeu a ce faire/ affin que on peust facilemēt cognoistre la fleur des nobles et vaillās seigneurs Lesquelz par droict doyuent obeissance a la couronne de France. Ce que ie en diray ne vient pas de moymesmes/ mais cōme ie lay leu en aulcuns liures et aussi comme ie ay este infome p gens expertz et cognoissans en telle matiere. Par quoy se quelque variation ou faulte y est trouuee/ Plaise aux liseurs de moy excuser et la mettre a point/ car souuēt ont este noises et debatz entre les seigneurs/ Pour deuises/ metal Et couleur des armes.

¶ Et tout premieremēt
Dazur ai troys fleurs de lys dor.
Et sont les armes du treschrestiē
roy de France.

Dazur seme de fle²s de lis/dor vne croix de gueule. Et sōt les armes de larcheuesq̄ et duc de Reins/per de France.

Dazūr a.iiii.fle²s d̄ lis dor a vng soultoir de gueule. Et sōt les armes de leuesque ⁊ duc de Langres/per de France.

Dazur seme d̄ fleurs de lis dor/⁊ vne crosse de gueule. ⁊ sōt les armes de leuesq̄ ⁊ duc d̄ Laon/per de frāce.

dor a quatre clefz de gue. ⁊.i.croix d̄ gueule. ⁊ sont les armes d̄ leuesq̄ ⁊ cōte de Beau uoys/per de France.

Dazur a.iiii.fle[r]s d lis dor a.i.croix dar gẽt ⁊ sõt les armes d leuesq̃ ⁊ cõte de Chalon/per de france.

Dazur seme de fle[r]s de lis a.ii.crosses dar gẽt Et sõt les armes de leuesque ⁊ cõte de Noyõ/per de frãce.

Dazur a.i.cotice dor de troispieces borde de gueule ⁊ sõt les ar mes du duc de Bo[ur]=goigne:per de frãce

De gueule a vng leo pard dor ⁊ sont les ar mes du duc de Guiẽne/per de france.

De gueule a.ij. leopardz dor. Et sont les armes du duc de Normãdie/per de frãce.

Dor a vng lyõ de sable ⁊ sont les armes du cõte de flãdres/ per de france.

Dazur a potence contre potence dor ⁊ vne bende dargẽt. Et sõt les armes du cõte de Champaigne per de france.

de gueule a.i.croix dor/⁊ dessus vne autre croix de gueule ⁊ sont les armes du cõte de Toulose p̄ de france.

Escartele dazur ⁊ dor
le p̄mier ⁊ dernier da
zur.iii.fle's de lis dor
les autres deux dor a
vng daulphin dazur.
Et sõt les armes du
premier filz de frãce

Escartele la p̄miere
⁊ dn̄iere ptie dazur
a.iii.fle's d̄ lis dor ⁊
lãbeaux dar. les ii au
dargẽt a.i.colseuure
dazur couronee et enãi
i.hõe nud d̄ gueule ⁊
sont les ar. Dorleãs

Dazur a.iii.fle.de lis
dor ⁊ lãbeaux dargẽt
a.iii.cressãs d̄ gueule
ausd̄ lãbe ⁊ sõt les ar=
du cõte dangoulesme

Dazur a trois fle's
d̄ lis dor borde ẽdẽte
de gueule ⁊ sõt les ar
mes du duc de berry

Dazur a troys fle's de lis dor a vne barre de gueule. Et sõt les armes du duc de Bourbon.

Dazur a.iii.fle's de lis dor borde ḋ gueule seme de besâtes dargẽt. et sont les armes du duc Dalencon.

Escartele la pmiere ptie escartele dargẽt et gueule la.i.et derniere ptie dargent a vng lyõ dazur. Les autres de gueule a deux leopars lyõnez. La.ii.ptie du chief dazur a trois de lis dor borde de gueule. La pmiere ptie de la pointe dazur a.iii.fleurs de lis dor et vne barre de gueule. Et lautre ptie ḋ gueule a vng escarboucle pommetee dor. Et sõt les armes du duc de Nemours.

Dazur seme d' fle's d'lis borde d' gueule Et sõt les armes du duc danjou

Dargent seme dhermines Et sõt les armes du duc de Bretaigne.

Dazur a trois fle's de lis dor a .iii. tours dargẽt a vng filet de gueule Et sõt les armes du cõte dartois

Dazur a .iii. fle's de lis dor a vne bẽde de gueule a .iii. liõs dargẽt. et sõt les armes du cõte de Vẽdosme.

Dazur a.iii.fleurs de lis dor borde coponee dargent et de gueule. Et sont les armes du conte de Neuers.

dazur a.iii. fleurs de lis dor et vne bende coponee dargent et de gueule. et sont les armes du conte de dunoys.

Escartele la premiere et derniere ptie dor a deux vaches de gueule: les deux autres parties de pal dor et de gueule. et sont les armes du conte de Foueze

Escartele dargent et de gueule la premiere et derniere ptie dargent a deux lyōs dazur. les aultres parties sō gueule a deux leopars lyōnez. Et sōt les armes du conte/darmignac

Cy finist le blason des armes. Imprime a paris en la grant rue saint iaques par phelipe le noir.

Ensuyuẽt les armes des empereurs et roys chresti ens cõme de prestre iehã empereur des yndes lequel ce dit crestiẽ comme il appert par ses armes lesquelles sont faictes en lhonneur et remembrãce de la digne mort et passion de nostre sauueur et redempteur Jesucrist qui sont les armes de nostre redemption Et pource seront ilz mises les premieres. Et apres celles de Lempereur de Romme. Et celles du trescrestien Roy de France. Et celles des autres Roys chascun par ordre.

G.i.

Pꝛestre iehan empe
reur des yndes.

Lempereur de rome

Le roy despaigne

Le roy dangleterre

Le roy de cecille.

Le roy descosse.

Le roy de chipre.

Le roy de nauarre.

Le roy daragon.

Le roy de portingal.

Le roy de hongrie.

Le roy de frise.

Le roy de poulayne. Le roy denemarche

Le roy de nouerge. Le roy de malorgne

Le roy de behaigne.

Le roy de hyrlande.

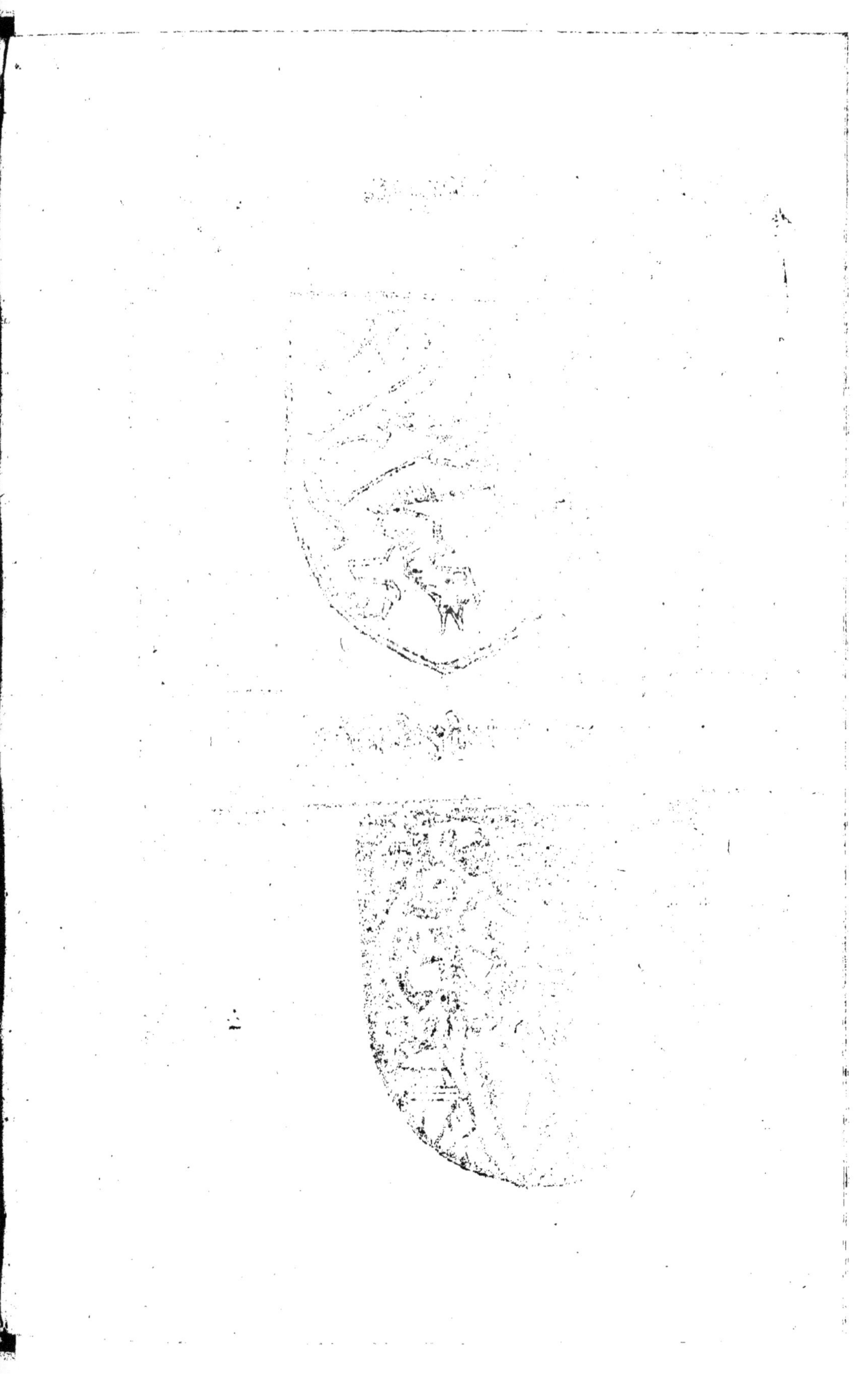

CEST MON DESIR
A DIEU SERVIR
POVR ACQVERIR
SON DOVLX PLAISIR
PHILIPPE LE NOIR

www.ingramcontent.com/pod-product-compliance
Ingram Content Group UK Ltd.
Pitfield, Milton Keynes, MK11 3LW, UK
UKHW021818190726
13853UKWH00003B/1047